D1726458

Späte Erinnerung an eine frühe Ahnung

Poeme
Michael Arenz
Fotografien
Hansgert Lambers

Ich erblicke eine Menge einander ähnlicher und gleichgestellter Menschen, die sich rastlos im Kreise drehen, um sich kleine und gewöhnliche Vergnügungen zu verschaffen, die ihr Gemüt ausfüllen. Jeder steht in seiner Vereinzelung dem Schicksal aller anderen fremd gegenüber. Seine Kinder und seine persönlichen Freunde verkörpern für ihn das ganze Menschengeschlecht; was die übrigen Mitbürger angeht, so steht er neben ihnen, aber er sie sieht sie nicht; er ist nur in sich und für sich allein vorhanden, und bleibt ihm noch eine Familie, so kann man zumindest sagen, dass er kein Vaterland mehr hat. Über diesen erhebt sich eine gewaltige bevormundende Macht, die allein dafür sorgt, ihre Genüsse zu sichern und ihr Schicksal zu überwachen. Sie ist unumschränkt, ins Einzelne gehend, regelmäßig, vorsorglich und mild. Sie wäre der väterlichen Gewalt gleich, wenn sie wie diese das Ziel verfolgte, die Menschen auf das reife Alter vorzubereiten; statt dessen aber sucht sie bloß, sie unwiderruflich im Zustand der Kindheit festzuhalten; es ist ihr recht, dass die Bürger sich vergnügen, vorausgesetzt, dass sie nichts anderes im Sinn haben, als sich zu belustigen. Sie arbeitet gern für deren Wohl; sie will aber dessen alleiniger Betreuer und einziger Richter sein; sie sorgt für ihre Sicherheit, ermisst und sichert ihren Bedarf, erleichtert ihre Vergnügungen, führt ihre wichtigsten Geschäfte, lenkt ihre Industrie, ordnet ihre Erbschaften, teilt ihren Nachlass; könnte sie ihnen nicht auch die Sorge des Nachdenkens und die Mühe des Lebens ganz abnehmen?

Alexis Charles-Henri-Maurice Clérel de Tocqueville, 1840

Viel ist hingesunken uns zur Trauer,
und das Schöne zeigt die kleinste Dauer.

Heimito von Doderer

Kann man Gedichte verfilmen? Das scheint eine absurde Frage, die doch ihre gültige Antwort finden kann, wenn man sich die Fotografien von Hansgert Lambers zu den Poemen von Michael Arenz anschaut. Man muss nur beide semantische Felder nicht additiv nebeneinander, sondern wechselseitig explikativ übereinander legen, und schon setzen sich sprachliche Bilder und fotografierte Realität in Bewegung. Wer die Fotografien nur als Illustrationen versteht, der verkennt ihre Funktion ebenso wie ihre Eigenständigkeit und ihre dramaturgische Bedeutung für das Verteilen von Gewichten zwischen ihnen und den Gedichten in diesem Band, der beides zugleich ist: Bilanz und Aufbruch. Zwar sind Gedichte von Haus aus Einzelgänger, doch in adäquater Gesellschaft wachsen sie zu jenem Teil einer Münze, die ohne ihre Rückseite wertlos ist. Die Gedichte von Michael Arenz und die Fotografien von Hansgert Lambers kommen mir vor wie Wladimir und Estragon aus Becketts *Warten auf Godot*. Keiner kann ohne den anderen, weil sie die tragischen Ur-Enkel sind von Don Quijote und Sancho Pansa und die komischen Nachfahren von Laurel und Hardy.

Der Weg zum Verständnis von Gedichten ist ebenso wie der zu Fotografien mit Annäherungsversuchen gepflastert, die von der Subjektivität des ersten Eindrucks über die semantische Decodierung der Metaphorik hin zu jenem umfassenden Verständnis führen, das sich in der hermeneutischen Verschmelzung der Horizonte von Autor, Gedicht/Foto und Leser ausdrückt. Titel eines Gedichtes können erste Wegweiser sein für die Route, die dem Leser vorgeschlagen wird, sie können schnurstracks von der Abstraktion zur Konkretion führen, sind aber auch durchaus imstande, als irreführende Angaben in die Labyrinthe der ironischen Brechung oder der Kontrafaktur zu locken. Das mag als Hinweis zur Vorsicht aufgefasst werden, sich nicht allzu rasch und bereitwillig auf sicherem Gelände zu fühlen, denn leicht wird das vermeintlich trittsichere Gestein locker, bröckelt und führt unweigerlich zum Absturz. Überschriften dürfen aber durchaus auch als Rückverweise auf literarische oder poetologische Traditionen gelesen werden, in die sich der Autor stellt oder in die er seine Arbeit gestellt sehen will.

Michael Arenz erzählt in seinen Gedichten kleine schwarze, todtraurige oder grotesk komische Geschichten, deren Ästhetik am *Film Noir* geschult scheint und die an amerikanische Erzähler wie Raymond Carver oder Richard Yates, aber auch an Altmeister wie Raymond Chandler oder Dashiell Hammett denken lassen. Die Szenerie wird verdichtet umrissen, wortkarg, lakonisch und stets vollständig illusionslos. *Schmalz* kann da gar nicht erst aufkommen, wohl aber Atmosphäre. Für wohlfeile Romantik ist kein Platz, noch weniger für Sentimentalitäten. Man glaube aber deshalb nicht, diese Gedichte seien gefühllos. Ihre Seismographie ist hochsensibel und registriert kleinste Fissuren und Erschütterungen. Deshalb behaupte ich, es seien Gedichte mit *Gemüt* im alten Sinne des Wortes, in dem ja immer auch der *Mut* verborgen ist, hinter und unter die Oberfläche zu schauen. Es ist auch keine naturschwärmerische Lyrik, trotz der wiederkehrenden Vögel mit ihrem Gesang und der kleinen Geräusche, die uns Taubgewordenen im Großstadtlärm untergehen. Das Mietshaussetting und das Milieu des Kleinbürgertums werden nicht denunziatorisch abgetan, sondern in ihrer Abgründigkeit scharf umrissen. Die Höllenschlünde des banalen Alltags jener von der großen Politik der fett gewordenen Weltenlenker(-innen) längst negierten, ja verachteten Menschen hienieden öffnen sich und zeigen auf das, wofür die Archonten mit Blindheit geschlagen sind.

Michael Arenz bevorzugt bisweilen englische Titel, die auf Popsongs verweisen, die in seiner Biographie einst eine wie auch immer in Protest und Illusion gewickelte Rolle gespielt haben, sei

es als Ohrwurm, sei es als Koordinate für eine bestimmte Situation oder auch nur als atmosphä-
rische Kulisse. Da ist Randy Newmans Song *Rollin'* in dem gleichnamigen Gedicht, der kontrastiv
in unmittelbarer Nachbarschaft zu Freddy Quinn und seinem *Junge, komm bald wieder* und
Heimweh nach St. Pauli steht und unzweideutig Aufschluss darüber gibt, in welcher Zeit wir uns
als Leser dieses Poems bewegen. Überhaupt: Musik! Verdi und Puccini klingen, aber auch Olivier
Messiaen, der *ein ganzes Orchester zwitschern lassen konnte mit golden getüpfelten Nachtfaltern
auf der Stirn und der Glocke mit dem tiefsten Ton allezeit.* Lesend hören wir wie Anton Karas
die Melodie zum *Dritten Mann* aus der Zither reißt, dieses penetrante *Harry-Lime-Thema*, an
das sich die grinsende Visage von Orson Welles schmiegt. Es ist in *Monkey City* wörtlich zitiert,
da spielt in *One Night in Chicago* in einer Szenerie wie aus einem *Film Noir* genommen die
Gruppe *Creedence Clearwater Revival*, oder In *The Bleak Midwinter* wird auf einen Song von
Bert Jansch aus dem Jahre 1974 verwiesen, indes *Hope for Happiness* unmittelbar anschließt
an einen Titel von *Soft Machine* von anno 1968. Das erhöht in jedem Falle die Musikalität der
Gedichte und gibt ihnen zugleich ihren historischen Rahmen, mit dem sich ein bestimmtes
Lebensgefühl verbindet, das heute nicht mehr lebbar ist und somit als Verlustanzeige gewer-
tet werden muss. Die Musikzitate sind ein Echolot für die Bestimmung der Tiefen, in die hier
geleuchtet wird. Bild, Sprache, Musik: das ist das magische Dreieck, in dem sich dieser Band un-
aufhörlich wie eine Billardkugel bewegt, von Bande zu Bande, von spitzem Winkel zu offenem
Schenkel. Das Vergangene als das Verlorene manifestiert sich in Wendungen, die wie aus alter
Zeit sind. *Schnitter* ist so ein schönes altes Wort, besonders wenn es mit dem aufmunternd-
ironischen wohlan verbunden ist. Das Goethe'sche *justamente* beispielsweise in *Dismalness
Blues* ist eingebettet in die Trauer der Fundamente jener über hundert Jahre alten Häuser, die
tiefer ist als alles, was diese Welt dir noch erzählen mag.
Trauer ist ein existentiell wiederkehrendes Motiv, das auch dem Ich in dem Gedicht *Rollin'*
zugeschrieben ist, wenn es Randy Newmans Song *noch einmal auf die gute alte Weise traurig
machte, ehe mir die Katze auf Russisch eine Frage stellte und ich sie für immer ohne Antwort
im Regen stehen ließ.* Trauer ist die bestimmende Farbe vieler Szenerien in den erzählenden
Gedichten, die mich an Hopper-Bilder oder an die gnadenlose Lichtdramaturgie von Einsamkeits-
szenen aus alten Schwarzweiß-Filmen denken lassen. Trauer beherrscht die vielen Treppen-
häuser dieser Gedichte, Trauer umgibt auch den Einsamen auf der Parkbank mit der Bierflasche
in der Hand, Trauer kennzeichnet *Berlins letzten Hugo*, Trauer ist der verlässliche Schnapsbruder
des längst allein gelassenen Trinkers, der die *dunklen Wolken forttrinkt*, um die *Trümmer seines
Seins* zu verlassen, der *schwarze Kanal im Hiersein* ist voll Trauer, Trauer umwölkt die alte Frau
in *Grete und Jünni*, die noch einmal mit ihrem Enkel nachmittags in einem Steakhaus am
Kudamm sitzt, *kurz bevor sie den Verstand verliert*, und Trauer möbliert den *Eispalast der
Fragwürdigkeit*, die leeren Wohnungen, in denen das Kläffen der Köter widerhallt und die
keifenden Stimmen, die zurückgelassen werden müssen. Selbst die *stiller werdenden Tage* in
dem Gedicht *Krypta* wissen von der Trauer um die Toten, die *da sind, weil sie fort sind.* Und
sollte das keine Trauer sein, wenn die Mutter den Sohn fragt, wer er denn sei? Trauer, weil die
alte Zeit weg ist, verschwunden auf Nimmerwiedersehen, um Platz zu machen für eine noch viel
traurigere Gegenwart, die *Verzweiflung des Abschieds* wird oft besungen, *wenn die Luft knapp*
wird. Eine ganz besondere Trauer aber umgibt die nächsten Angehörigen: den Vater auf der
Anrichte, der seit 14 Jahren nach rechts Richtung Küche schaut, die an der Wand hängenden

Onkel, Tanten und Großeltern, die Urgroßeltern mit ihren ernsten Gesichtern, *die schon seit einer halben Ewigkeit schwarzweiß in einer Zigarrenkiste* verdämmern. Am allertraurigsten aber ist das Gedicht *Protokoll* anlässlich des Todes der Mutter. Dieser autobiographische Text schnürt einem die Kehle zu, wenn das lyrische Ich die Mutter auf dem Boden liegend vorfindet, mit einem Handtuch auf ihrem Gesicht *wie eine Erschossene*, wie vier Männer und ein Notarzt herumstehen, die Stationsleiterin *forensische Sätze* von sich gibt, indes ihr das erzählende Ich jenen Blumenstrauß in die Hand drückt, der eigentlich für die Mutter gedacht war, wie der Monitor gnadenlos weiterpiept und die gänzlich flach laufenden EKG-Kurven ausspuckt, indes sich der Hausarzt weigert, einen natürlichen Tod zu bestätigen und die Bestatter kommen mit ihren *professionell angemessenen Mienen* und die Kripo unpassende Fragen stellt. Die Trauer wächst aus der Gewissheit, dass es niemanden mehr gibt, *mit dem ich meine Erinnerung teilen kann* – außer mit dem Leser dieses Gedichtes, das für mich zum Stärksten gehört, was Michael Arenz je geschrieben hat: *Wenn ich an die Vergangenheit denke, steigt eine Trauer in mir hoch, die mich verschlingt. Alle geistern durch meine mageren Tage, sehr unpersönlich, eher in Gestalt rätselhafter Botschaften und Fragen: Das waren wir. Und wer bist du eigentlich?*

Dass Michael Arenz Berliner ist, wird nicht verschwiegen, warum auch, zumal der Leser den Autor begleiten darf nach Marzahn, Spandau, Charlottenburg, Friedrichshain, auf den Kurfürstendamm oder den Wittenbergplatz im Berliner Ortsteil Schöneberg des Bezirks Tempelhof-Schöneberg, den Teil des sogenannten „Generalszugs", einer Straßen- und Platzfolge, der die Ortsteile Schöneberg und Kreuzberg miteinander verbindet und auf dem plötzlich Schüsse fallen, trokken, präzise gesetzt, um die Idylle zu zerreißen, die wir sehnsüchtig als Hoffnung in uns tragen und die uns schon lange nicht mehr gelingen will, weil wir nicht mehr frei atmen können in der totalen Umklammerung dieser finsteren Bleikammer Merkel'scher Geistesferne, welche diese Republik prägt und die sich unübersehbar, unüberhörbar dokumentiert im Wiedererstarken dessen, was schon Brecht in dem ewig fruchtbaren Schoß lauernd vermutete.

In seinen *Tagesberichten zur Jetztzeit* reflektiert der Schweizer Felix Philip Ingold an einer Stelle im Gegensatz zu den bedeutungsorientierten Textsorten die primär Sinnorientierten, „bei denen die Problemstellung vor der Problemlösung Vorrang hat, wodurch der Leser weit mehr Autonomie und Verantwortung" gewinne, da ihm die Sinnbildung weitgehend überlassen bleibe. Von diesem Gedanken ausgehend stößt Ingold dann auf Kafkas Auffassung, wonach die „eigentliche Kunst" im Grunde „gar keine Kunst, sondern eine charakteristische Lebensäusserung sei". Meines Erachtens trifft dies auf die Gedichte von Michael Arenz zu, die nicht danach streben, in der Gleichsetzung von Sinn und Bedeutung ihre Erfüllung und ihr Ziel zu sehen, sondern den Leser zu der Problemstellung eines stellvertretenden Lebens hinzuführen, deren Erkenntnis erst eine Problemlösung nahelegen könnte. Michael Arenz' *Schreiben als Lebensäußerung* mündet daher nicht in unverbindlicher Lochstickerei und Beschreibungsartistik, sondern erweist sich unter erheblicher Beteiligung von Emotion und Affekt, von Treffen und Getroffenwerden als erkenntnisorientierte Fronarbeit im Bergwerk des Lebens, wo Aufrichtigkeit und Authentizität als Hand-Werkzeuge ehrwürdiger sind als effekthaschendes Begriffsgeklapper in den schalltoten Räumen unserer neoliberalen Finsternis.

Gerhard Köpf, Herbst 2017

**Irgendjemand
Irgendwann
Irgendwas**

Es war in diesem
August, an einem
Samstagnachmittag.
Sonnenstrahlen trafen
auf die Birke vorm Haus,
die eine sachte Brise
aus Westen inspirierte.
Zuerst sah sie aus
wie die sich in lasziven
Tanzposen wiegende
Josephine Baker,
aber bei längerem
Hinschauen war das
Ganze eher dem
Hupfdohlengezappel
zu vergleichen,
das man aus dem
Fernsehen in den 70ern
zu den Gesangsdarbietungen
sogenannter Schlagersänger
als ranzige Sexphantasien
noch ranzigerer Programm
gestalter mit auf den Weg
in die Ultramoderne bekam.
Ich fand es schwer
in Ordnung, daß mir
die Birke keinen
‚Schönen Tach noch!'
wünschte und sich auch
nicht an meiner fahrigen
Aufmerksamkeit störte,
die, wie ihresgleichen
schon seit Jahrtausenden
wußten, keinen
Pfifferling wert war.

Fresko

Mann schläft mit den
Füßen nach Süden,
wohin die Kraniche
ziehen, den Kopf direkt
an der Wand, dahinter
das Treppenhaus,
die Schritte, die Energien,
ausgerichtet auf Ziele,
um in der Welt zu
bestehen, sie sich vom
Hals zu halten oder
einzulassen in die
gute Stube, träumt
Schaum, träumt Dante,
das ganze Weltall,
von Sex, Intimität,
nur die Vergangenheit
bleibt verschwiegen
und selbst die
Gegenwart läßt sich
nicht mehr blicken.

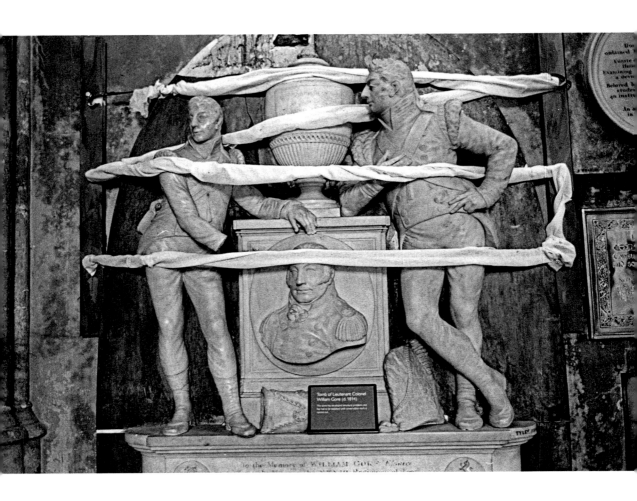

Tomb of Lieutenant Colonel
William Gore (d.1814)

Die Maschinistin ist fort

die Maschinen laufen weiter

In diesem Winter
hat es einmal geschneit,
im letzten keinmal.
Wir hatten immer Herbst,
selbst im Sommer.
Die Jahreszeiten
hatten aufgegeben,
soviel stand fest.
Auf den Bühnen
spielten sie kaum
noch Beckett,
brauchten sie auch
nicht, der läuft jetzt
überall herum.
Die Gesichter
der Menschen,
nicht nur in
Nordrhein-Westfalen,
waren ein Kapitel
für sich, an dem man
lange hätte
schreiben können,
es dann aber doch
lieber bleiben ließ.
Die meisten essen
auch jetzt noch
mit Besteck
und sogar im Sitzen,
aber ohne Servietten,
zu Beginn dieses
Fünfhundertjährigen
Krieges.

Ihr denkt,

Wir haben immer in
Abbruchbuden gehaust
mit cleveren Vermietern
bis vor Gericht
und den bekannten
Triumphen. Wir haben
uns elend gefühlt, uns
dem Elend aber nicht
hingegeben, wir waren
machtlos, sind aber
nicht in unserer Macht
losigkeit versunken.
Wir waren erbost, sind
aber nicht böse geworden.
Unsere Herzen haben
geblutet, bis wir jede
Hoffnung verloren,
doch die Hoffnung
liebte uns und wollte
nicht von uns lassen.
Wir waren wir und
hatten alles falsch
gemacht. Eines Nach
mittags sitzen wir
zusammen mit anderen
Menschen an einer
Tafel alten Stils,
wir trinken Kaffee
und essen selbst
gebackenen Kuchen
auf einem Berg aus
Schmerz. Weder
wissen wir, wer
wir eigentlich sind,
noch woher unsere
unbeschreibliche
Freude kommt.

ihr habt uns?

Dran

Geräusche,
Blick nach innen,
Versehrtheit, Zartheit,
nicht nur das,
mitten hindurch,
dann noch in
die Senken, aber
nicht ins Verborgene,
nur immer weiter
in die Tiefe,
glasiger Blick,
kein Wissen, keine
Erfahrung, der
schwarze Kanal
im Hiersein,
abgerissen,
aber was,
und wovon?
Auf etwas zusteuern,
blind und tapfer,
weitermachen, alles.
Für den Tag,
die Liebe, den Spül
nicht vergessen,
den Müll und die
Wäscheklammern,
die Erinnerungen,
an wen?, an alle,
die dawaren,
nah und entfernt
von uns auf der
Bühne dieser Welt,
hundert Kilometer
hoch ins All
reicht die Hülle,
dann nichts
mehr, was so ist
wie hier.

Zu Gast beim Rundfunk

Nachdem die meisten
aus seinem Leben, dem
Leben mit Sauerstoff,
Herzschlag, Liebe und
Irrtum, verschwunden waren,
wurde er überraschend
von einem Radiosender
eingeladen, um sein
letztes Buch vorzustellen.
Sein Interviewpartner war
beschlagen, hochintelligent,
mit allen schmutzigen Wassern
seines Gewerbes mehrmals
gewaschen, viel klüger und
geschmackssicherer als er,
eigentlich alle und alles
betreffend, aber er starrte
nur stumm und gebannt
in sein blasses,
blitzgescheites Gesicht,
und mitten darin diese
tiefrote Nase, – der sah ja
aus wie Rudy the Reindeer,
und er bekam vor den
bereits eingeschalteten

Mikrofonen einen Lachkrampf,
den man bis in den hintersten
Krähwinkel dieses Bundeslandes
hören konnte, wenn man
Frühaufsteher und
kulturinteressiert war.
Der Mann vom Rundfunk
ließ ihn in aller Öffentlichkeit
weiterlachen und sah ihm
nach, als er sich immer noch
schüttelnd aus dem Stuhl
hochquälte, während ihm die
Tränen seines nicht enden
wollenden Gelächters
das Gesicht hinunterliefen
und er nicht einmal
,auf wiedersehen' sagen konnte,
als er die Studiotür
leise hinter sich
ins Schloß zog wie
ein gut erzogener Junge
aus einem aussterbenden
Adelsgeschlecht.

Genosse Leichtgepäck

Er wohnte bis
hoch in seine 80er
im Hotel zum
Sondertarif.
Netter Hotelgast.
Netter Hotelier.
Der Koch hieß
lange Zeit Ernst.
An der Rezeption
stand Amelie,
manchmal auch Kurt.
In seinem Zimmer
fast nichts, aber
Bücherregale,
na und?
Briefe kamen,
wurden verschickt.
Am Rand der Stadt
ruhte weiter der
lange erloschene
Vulkan mit einem
Ausflugsrestaurant
an seinem
versteinerten Fuß.
Er schrieb
über die Gäste,
das Grauen der Vorzeit
und das der Gegenwart,
über das Zimmermädchen
und ihren Hund,
der ihm immer
lange in die
Augen blickte,
die verschwindende
Landschaft,
die Lust des Atmens,
und die stille blaue Luft
zwischen nichts
und all dem.

Leergeglänzt

die Häuser
oder unser Blick
auf sie, Wölfe,
erst in Spandau,
später in
Charlottenburg.
Aus Familienalben
herausgerissene
Seiten mit
verkrumpelten
Photographien,
die eine Brise
aus dem Osten
sanft übers
Pflaster weht.
Das Lächeln der
schüchternen
Buchverkäuferin
hinter dem
Schaufenster am
Kurfürstendamm.
Es beginnen die
Fahrten durch
jeden Winkel
dieser Stadt,
spannender als
eine Reise um
die ganze Welt,
wenn man auch
nur halbwegs
hinsieht.
Die Sonne
ertrinkt
am Horizont,
und nichts
hört auf, wer
immer kam
an diesem Tag,
wer immer ging.

Beide Füße

auf der
Balkonbrüstung
abgestützt;
weiße Socken;
an der linken
schwebt ein
weißes Haar
und tanzt
geschmeidig
von West
nach Ost;
könnte sein,
daß es Regen
gibt, so wie
sich die Welt
jetzt anhört;
die Vögel
machen Schluß:
alle auf einmal;
vor allem
und immer
aber das,
was Menschen
mit Motoren
ausdrücken
möchten;
manch einer
von uns
mag sich
wünschen,
es gäbe noch
etwas zu sagen;
für die läßt
man hier
noch nicht
einmal mehr
die Jalousien
runter.

Bleib

Aus den Falten
des Abends taucht
ein heliumgefüllter
Kopf auf mit
seiner lustigen
Stimme, dem
ansteckenden
Gelächter, und
den schweren Gasen
zusammengesuchten
Wissens.
Es gibt auch
Vogelstimmen darin
wie bei Messiaen,
der zum Ende
hin ein ganzes
Orchester zwitschern
lassen konnte
mit golden getüpfelten
Nachtfaltern auf der
Stirn und der Glocke
mit dem tiefsten
Ton allezeit.
Rücksichtsvoll
hält die Welt
sich zurück,
das ganze Leben
immer nur
der eine Tag,
jetzt im Gartenstuhl
auf dem Balkon,
mit einer Zigarette
in der Hand,
und mit der Nacht
kommt auch der
Schlaf, sagt: bleib
sitzen, alter Freund
der Dunkelheit,
und wenn du
aufwachst, ist
dein Gesicht
mit Tau bedeckt.

Monkey City

Mann sitzt in Wohnung,
Dämmerung, schaut
geradeaus, sieht Dinge,
die er immer sieht,
nennt diesen Raum
‚Das Dritte Zimmer',
frei nach Orson Welles'
‚Der Dritte Mann',
nur ohne Zithermusik,
immerhin: Hauch von
Humor in einer
Krachstadt mit
Tätowierungen bis in
die letzte Spalte hinein,
dabei ist der Mensch
keine Leinwand, was er
vergessen hat, wie den
ganzen Rest der
Anthropologie.
Blondierungschemie
und rollende Schultern,
fehlt nur noch der
Schmerzensgorilla
am Kreuz.
Mann sitzt in Wohnung,
Dunkelheit, verläßliche
Nacht, nichts Persönliches
hier, nur zwei Schränke,
ein leeres Bett und das
Toshiba Televisionsgerät,
das einfach nicht
schlappmachen will.

In den Neo-Zeiten

Wir werden den blauen Kuli
nehmen und schreiben, daß
wir nicht nach Holland
fahren, auch nicht fliegen
werden nach Vietnam oder
Istanbul, wir bleiben hier,
und hier ist ein breites Wort
ohne Gewissen, aber mit
hohen Zustimmungswerten,
auch wenn man sich woanders
fühlt und hindenkt, einfach so,
mit winzigen Schweißperlen
auf der Stirn, von der Sonne
sogleich fortgebrannt,
ungeachtet des Zorns
in den Augen aller Betroffenen,
die nach Gerechtigkeit dürsten,
– wo kommen denn die jetzt
auf einmal her –, in einer
selbst dafür empfänglichen
Welt mit ebenso mustergültigen
Abwicklungsverfahren
ohne Gewähr im Repertoire
markterfahrener Befürworter,
deren Beglückungsangebote
noch in den Todeskanditaten
zellen jenes Fünkchen Hoffnung
entzünden, das uns in harmloseren
Varianten Tag für Tag in menschen
freundlichen Vorstellungen
erblinden läßt.

Mit 13

entdeckte der Junge

die Freuden

der Onanie,

aber erst zwei

Freunde klärten ihn

auf, was er da

eigentlich tat:

Wolfgang und Uwe.

Wolfgang wußte,

wie man Zigaretten

automaten knackte,

sein Vater hatte

es ihm beigebracht,

für wenn die Zeiten

mal härter werden.

Mit kahlgeschorenem

Schädel, Lederjacke,

goldener Armbanduhr,

trainiertem Bizeps

und Tätowierungen

auf den Handrücken

schon damals Avantgarde,

doch Gemütsmensch

mit allen Scheiben

von James Last im

lackierten Plattenschrank.

Später zog die

ganze Familie nach

Mönchengladbach und

betrieb eine Tankstelle,

in Wolfgangs Gepäck

90 Goldmann Science

Fiction Taschenbücher,

die der Junge

niemals wiedersah.

Dem Uwe kippte er

mal ein Glas Limonade

ins Gesicht, weil der

sagte, daß traue er sich

nicht, was stimmte,

aber er tat es trotzdem,

es war sein letztes

glückliches Jahr.

Die erste Flasche Bier,

die ersten Mädchen,

von denen keines blieb,

beim Wonder Boy

aus dem Itchycoo Park.

Uwe wurde Berufssoldat,

und das Lokal, in dem

der Junge sein mutiges

Limonaden-Attentat

verübt hatte, schloß

wenig später, und

schon bald danach

riß man das ganze

Gebäude nieder,

um Platz zu machen

für die neue Zeit,

die man nur folgen

los belächeln durfte,

wenn man ohnehin

schon fertig hatte.

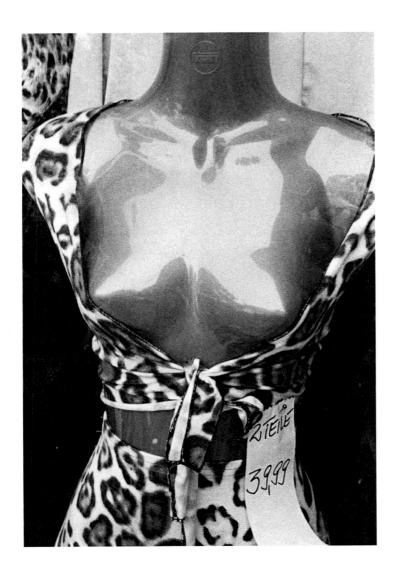

Histörchen

Sie brauchte
nur dazusitzen,
und er brauchte
nichts zu sagen.
Aber dann.
Ein ganzes
Jahr lang,
jeden Tag,
mehrmals täglich,
öfter als
mehrmals täglich,
eigentlich immer,
und dann
nur noch.
Sie brauchte
nur dazusitzen,
und er brauchte
nichts zu sagen.
Aber er war
jetzt ein anderer,
bald mehrere
andere,
viele andere,
und dann
alle anderen,
nur er nicht mehr.

Dismalness Blues

Eine Frau spricht
beschwichtigende Worte
am Telefon in die
weite Welt hinein,
viele, viele Minuten,
erst eine halbe, dann
eine ganze Stunde lang.
Und zufällig bist du es,
der in dieser Wohnung
in einem Gästezimmer
auf einem Gästebett liegt,
der nach Schlaf sucht,
den du nicht finden wirst,
aber du bist auch
kein richtiger Gast,
du wirst nur justamente
hier hineingeschrieben,
verantwortungslos, sicher,
aber zur Disposition
stehen wir alle,
warum nicht auch du,
in dieser alten Straße,
die die Auflösung
ihres Geistes nicht
länger verbirgt. Die
über hundertjährigen
Häuser geben noch ein
mal etwas zu verstehen,
nachdem sie lange Zeit
nur vorwurfsvoll vor
sich hin gebrütet haben,
doch ihre Fundamente
trauern eine Trauer,
tiefer als alles, was
diese Welt dir noch
erzählen mag.

Raditzefummel

Die Alten blieben
in ihren Wohnungen,
sahen fern,
und schwiegen.
Mittags kam die Firma,
lauwarmes Essen
in schwarzen Kartons,
Worte und die
ganze Hast dieser Welt.
Wenn die Sonne
herauswollte, saßen
sie auf ihren Balkonen,
mit Sonnenbrille,
hin und wieder auch
mit einem Buch.
Das Verflossene
sehnte sich nach
einer Rückkehr
in den Strom
der Gedanken,
spielte aber
keine Rolle mehr,
weil selbst seine
Beispielhaftigkeit
nicht dazu taugte,
aus den Erkenntnis-
fragmenten belastbare
Schlüsse zu ziehen.

Im Ernst

Du machst dir ne Limo
auf in irgend so einem
Scheißfilm der Gegenwart
und starrst aus dem
Fenster dieser unsäglichen
Wohnung, tatsächlich,
da drüben hinter den
hell erleuchteten Fenstern
tanzen sie und er
und fallen um, ist ja
interessant, sagst du
zu niemandem und
zappst die Wirklichkeit
weg, denkst du,
dabei gibt es nur
einen Stromausfall im
Viertel von dreieinhalb
Minuten, Sprengstoff,
der Bürgermeister
tot im Paternoster,
und ring-a-ding, da
schellt es an der
Tür, die Nachbarin,
die kanntest du
noch gar nicht, und
lächelt, und du lächelst
auch, bist du das

mit dem Hund? fragt
sie, nee, sagst du, was
denn fürn Hund?, aber
da ist das Feierabend
intermezzo auch schon
vorbei und ein Feuerwerk,
Sylvester?, Kirmes?, Fred
Pisulskis 80. Geburtstag?,
flackert durch den rostigen
Himmel deiner Stadt, von
hungrigen Blicken abgesucht
wie schon seit tausenden
von Jahren, dabei ist
es Herbst und die Luft,
die durch den Fensterspalt
in dich hineinströmt,
könnte nicht wunder-
barer sein, köstlich, sagst
du, der du hingestreckt auf
dem dunkelblauen Teppichboden
zu liegen gekommen bist.
Vor dem Haus kläffen Köter,
es gibt Stimmen, die keifen
die alten germanischen Sätze,
und du wirst alles so
zurücklassen müssen,
im Ernst.

Im Eispalast

Fremde,
die durch
die Zimmer
schnüren,
während es
in der Diele
immer noch
nach seinem
Rasierwasser
und seinen
Schuhen riecht;
der Plunder,
der verschwindet,
der Schrank, den
ein Freund kauft;
ein paar Sachen,
die in der Familie
bleiben, wie das
Unbehagen, das
in allem ist,
was wegkommt
und was nicht;
seine Moleküle,
die weiter in
unsere Atemluft
einströmen.

Fragen?
Eher nicht –
nur im Eispalast
der Fragwürdigkeit
eine weitere Tür
aufgestoßen.
Die Wohnung
endlich leer, bis
auf uns, die wir
am Fenster stehen
und auf die
Straße hinunter
blicken, deren
Gleichmütigkeit
den Gesetzen der
Anorganischen
Chemie gehorcht,
die selbst zu
einem endgültig
zugeklappten
Himmel keine
Meinung zu
äußern braucht.

Späte Erinnerung

Metallklauen, die
eine Schiffswand
aufreißen,
dann das Zerspänen
schreienden Eisens **an eine frühe Ahnung**
in diesem Kopf, –
einmal vor vielen
Jahren, – das sich
anhörte wie der Tod;
wie der Tod
bei der Arbeit,
zuallererst an der
Zertrümmerung
des Gehörs.
Daß der Tod
den Schönklang
nicht liebte und
nicht die Musik,
weder das harmonische
Gewebe des Körpers
noch die blauen Augen
bei ihrem letzten
suchenden Blick
in einen zurück
weichenden Himmel,
wurde ihm nicht
zur Last gelegt,
nur in der
Verzweiflung des
Abschieds, wenn
die Luft knapp
und alles
was alle jemals waren,
zu einem gültigen
Satz über etwas
vollkommen
Wirkliches
wurde.

Wohlan, der Schnitter naht

Nachts laufen
bellende Lichter
durch die Stadt,
Mutter liegt drei
dimensional im Bett,
Vater steht auf
der Anrichte und
schaut seit vierzehn
Jahren nach rechts
Richtung Küche,
die Großeltern, die
Tanten, der Onkel
hängen an der Wand
und lächeln in Farbe,
weil man zu ihrer
Zeit noch lächelte,
wenn man ein
Objektiv auf sich
gerichtet sah, die
Urgroßeltern liegen
schon seit einer
halben Ewigkeit
schwarzweiß in einer
Zigarrenkiste, die
immer noch nach
Tabak riecht,
ernste Zeiten,
ernste Gesichter,
auch ich hänge
schwarzweiß an
der Wand, stehe
auf dem Sekretär
und auf der
Wäschekommode
und sehe mir zu,
wie ich mich anschaue,
sehe, was aus mir
geworden ist, ruhig,
teilnahmslos und
alles andere
als überrascht.

Mama

Kaffee und Kuchen,
so wie früher,
an einem schön
gedeckten Tisch.

Wer bist du?,
fragt mich
meine Mutter.
Ich bin dein Sohn,
sage ich.

Du bist fett
geworden, sagt sie.
Ja, sage ich,
ich bin fett
geworden.

Schade drum,
sagt sie,
und grinst.

Krypta

Für Susanne und Bernd
HARLEM Fischle

Die Toten sind da,
weil sie fort sind,
in unscheinbaren
Gewändern
durchgeistern sie
Halbschlaf
und Träume,
flüchtige Spuren
ihrer weißen
Chiffren in den
Räumen der
Vorläufigkeit.
Lautlos ihre
Pantomimen, die
schwebenden Gesten,
und diese
Entschlossenheit,
uns nicht einmal
mehr mit Andeutungen
zu berühren,
tragen wir durch
unsere stiller
und stiller
werdenden Tage.

Äquivalenz

Am Morgen
kein Frühstück,
kein Radio,
nur ein Sack
schlechter Laune,
alleine am
ungedeckten Tisch.
Erst eine Zigarette,
dann alle anderen
gleich hinterher.
Der Gesang der
Sirenen, ohne
Fesseln, wäre
jetzt nicht schlecht –
und dann nichts
wie los!, oder
ein reumütiger
Politiker, der,
wem auch immer,
die Füße wäscht.

In der Nachbarschaft
schreit eine Frau
um Hilfe, aber
nur kurz, und
im Treppenhaus
seit Wochen
ein verdächtiger
Geruch, den hier
niemand nicht
einmal ignoriert.
Alles Schlimme
ist schon seit einer
halben Ewigkeit
unterwegs, doch
auch die treuherzigen
Auftritte der
Zuversicht wollen
kein Ende nehmen.

Grete und Jünni

Alter Mann schnarcht voll
bekleidet auf rosa Sofa in
einer 3-Zimmer-Wohnung
mit Bad, Küche, 2 Kammern
und Balkon mit Blick auf
Parkhaus, Garagen, und eine
schrumpelige, durch den
Asphalt gebrochene Birke.
Der Raum ist schön möbliert
im Stil der Zeit, und nichts
davon wird bleiben.
Der Mann hört Verdi und
Puccini, raucht Zigarren,
Pfeife, unternimmt öfters
einen Zug durch die
Gemeinde, trinkt Bier,
Schnaps, gibt einen aus,
und wird vergessen, noch
bevor er, unerreichbar für
den Schmerz und die
Kälte dieser Welt, für
immer in der Erde liegt.
Die Frau stirbt viele Jahre
später, doch eigentlich
sofort, nachdem die
Wohnung leer bleibt,
auch schlechte Ehen
gehen in die Tiefe.
Sie sitzt noch einmal mit
ihrem Enkel nachmittags
in einem Steakhouse
am Kudamm, sucht nach
Worten und zahlt das
Essen, kurz bevor sie
den Verstand verliert.
Und das damals alles
so geschah, wäre beinahe
unbemerkt geblieben,
stünde es nicht hier.

Ein roter Punkt
in der Dunkelheit

Erst kam es mir so vor,
als verschwinde Venus
und würde tiefer ins
Weltall gezogen, aber
sie hielt Kurs am
Nachthimmel Richtung
Westen, wie am
Schnürchen gezogen.
Ich war jemand, der
auf dem Balkon saß,
das erste Mal nach
einem langen Winter,
und glücklich, daß die
alte Fichte mich sofort
erkannte, – sie wußte
so viel von mir nach all
den Sommern mit
meinen Blicken einer
tiefen Sympathie für sie.
Da war diese wachsende
Fremdheit, die immer
spürbarer werdende
Trennung von dem,
was ich als mein
Leben verstand, eine
unsichtbare Wand, –
ich konnte durch sie
hindurchfassen, aber
nichts mehr berühren.
Ich saß auf diesem
Gartenstuhl, rauchte,
trank Bier und lauschte
in die Nacht, – wenn
jemand von gegenüber
zu mir herüberschaute,
konnte er die Glut
meiner Zigarette sehen,
einen roten Punkt
in der Dunkelheit.

Sehr lange
geschah nichts

doch dann lagen wir
endlich in einem Hafen
vor Anker.
Das, was wir sahen,
verstanden wir nicht,
und wir bekamen
zu hören, wie
andere dachten,
die schon länger
hier gewesen waren
und das Bedürfnis
verspürten, uns in
Kenntnis zu setzen
von dem, was auch
sie nicht begriffen,
aber immerhin
schildern konnten.
Das zog sich so
lange hin, bis der
Hafen verschlickte
und wir zu Fuß an
Land gehen konnten.

Alles in allem
hatten viele von
uns den Eindruck,
nichts sei geschehen,
erkannten aber bald,
daß darin unser
Irrtum bestand, den
wir zu diesem
Zeitpunkt immer
noch einem
arglosen Publikum
in den Galerien
des Schönen Scheins
glaubten vorzeigen
zu dürfen.

Rollin'

Ich wußte nicht mehr weiter.
Und die Personen, die mich
ertragen hatten,
schon länger nicht mehr.
Ich kam ins Soundso-Haus,
in den 3. Stock, von wo es
kein Entkommen gab,
abgesehen vom Innenhof
mit den exaltierten Rhododendren
in Betonkübeln, wahrscheinlich
fleischfressenden Prachtexemplaren
riesiger lackierter Disteln und
gefaktem Lavendelzeugs.
Das Personal verzog sich in den
Pausen in die hinterste Ecke,
um zu qualmen und sich
unseres unerträglichen Zugriffs
auf seine Synapsen zu entziehen.
Während meiner letzten Monate
freundete ich mich mit einem
95jährigen Bauchredner an,
der in den 60ern zahlreiche
Auftritte im Fernsehen hatte,

und wir schwärmten von
Freddy Quinn, summten sein
„Junge, komm bald wieder" und
„Ich hab' Heimweh nach St. Pauli".
Als ich starb, wurde mir ganz
plötzlich übel, und ich starrte
hilflos in das erstaunte Gesicht der
mazedonischen Krankenschwester,
während ich einsam
von meinem Stuhl herunterrutschte
und beinahe noch die Etagenkatze
unter mir begrub, die sich
mit einem raschen Sprung
auf die Fensterbank retten konnte.
Wenn mich nicht alles täuscht,
spielten sie im Radio gerade
Randy Newmans Song „Rollin'",
der mich noch einmal auf die
gute alte Weise traurig machte,
ehe mir die Katze auf Russisch
eine Frage stellte und ich sie für
immer ohne Antwort im Regen
stehen ließ.

One Night
in Chicago

Der Hotelgast, den man
am Morgen im 8. Stock
auf dem Balkon seines
Hotelzimmers fand,
war erfroren und
grinste unverschämt in
den tiefgrauen Himmel
über der Stadt.
Seine weißen
Finger umkrallten
ein Glas Campari Orange,
und die roten Eiskristalle
darin boten den einzigen
Farbtupfer in diesem
Bild, den die Kommissarin
und ihr Kollege mit in
den Tag nehmen konnten.
Der Tote war ein Tourist
aus Deutschland und
starrte amüsiert in die
übliche Abwesenheit alles
vorherigen Dagewesenseins,
wie es die beiden Cops
schon oft gesehen hatten.
Am Nachmittag fiel wieder
dichter Schnee, und das
Motorengeräusch der an
dem Hotel vorbeifahrenden
Wagen drang nur noch
gedämpft in die oberen
Etagen.
Der Tote war allein
angereist, und in dem
leeren Zimmer leckten
Scheinwerfer über
Zimmerdecke und Wände.

Auf dem Michigan-See
wehten Eisschauer
aus Kanada herüber,
und in der Polizeistation
streikte der Kaffeeautomat.
Eine Neonröhre flackerte
im Pausenraum.
Der Mann aus Deutschland
war Pole, unbescholten
und an Herzversagen
gestorben, hieß es gegen
drei Uhr früh, und in der
Abteilung atmete man
auf, weil sich eine Akte
schließen und die nächste
öffnen ließ.
Im Morgengrauen tankte
die Kommissarin
auf ihrem Heimweg
und kaufte sich eine Tüte
Paprikachips, die sie auf
den Rücksitz warf.
Im Radio dudelte ein Song von
Creedence Clearwater Revival.
Nicht zu fassen, sagte sie laut
vor sich hin und riß kurz vor
ihrem Haus noch einmal
das Steuer herum.
Dann gab sie Gas und starrte
das Aufdämmern des neuen
Tages durch ihre beschlagene
Windschutzscheibe an.

Zum Beispiel
Wittenbergplatz

Zusammen mit vielen
gut angezogenen Touristen,
die besser Theologie studiert
hätten, sitzen wir eines lauen
Abends an mit Teelichten
dekorierten Gartentischen
in einem Terrassencafé am
Wittenbergplatz, betrinken
uns friedlich, besonnen, aber
systematisch und starren selbst
beim Nachtessen noch auf die
Displays unserer Smartphones,
denn das wahre Leben findet
überall woanders statt, aber
niemals an dem Ort, an dem
wir uns gerade befinden, als
auf der anderen Straßenseite
erregte Stimmen die späte
Stunde zerschreien und dort
drüben Bewegung in die
Männeransammlung fährt,
Schüsse fallen, und der
schöne, wundervolle Abend
sich seinem Ende nähert.
Wir bleiben alle ungerührt
sitzen und schauen akademisch
interessiert hinüber, denn
daß wir längst überreif
für eine Kugel zwischen
die Augen sind, steht
uns schon seit Jahren
ins Gesicht geschrieben.

Verbrecher

Unterwegs auf
all den Friedhöfen,
auch in Friedrichshain,
an einem Nachmittag,
im Mai.
Man sah diesen
Haufen übereinander
geworfener Grabsteine,
ausrangiert, mit allen
unversehrten, in
Stein geschlagenen
Namen,
denn die Taxameter
zählen immer weiter,
auch wenn niemand
mehr unterwegs ist.
Wir wissen nicht,
wie lange schon
die immer gleichen
Worte aus den immer
gleichen Gesichtern
dahingesagt werden,
mitten hinein in
unsere endlos
ausgekostete
Schutzlosigkeit.
Wir wissen alles
über uns und euch,
und ihr wißt alles
über uns, aber nichts
über euch.

In the
Bleak Midwinter

Stiller Tag,
aber nur hier,
nicht einmal
Selbstgespräche.
Die Hyazinthe
auf der
Lautsprecherbox
hat lange durchgehalten,
doch nun aufgegeben.
Obwohl man
auf keinen Rat
erpicht ist, steigt
Ratlosigkeit auf
aus dem Holozän
der Seele, nichts
zum Verzweifeln,
und nicht wahrhaftig,
wie alles andere
auch nicht
bis auf das helle
Schluchzen
gestern Nacht vor
dem Fernsehgerät,
einfach so.
Ein weiterer
Februar ist da,
die Zeit macht
zarte Andeutungen,
der schmutzige
Himmel ausgeblaßt,
und die Krähen
spähen aus den
Wipfeln der
kahlen Birken
immer nachdenklicher
zu unseren
Fenstern herüber.

„In the Bleak Midwinter",
Song von Bert Jansch, 1974

Berlins letzter Hugo

Hugo schleppt sich
nicht in Betonschuhen
über den Grund der
Tiefsee Richtung Unbekannt,
sondern steht eines
Nachts um drei mit
dem Schifferklavier
vor dem Spiegel seines
Aliberts, greift in die
Tasten und schreit seine
Seele in das wilde
Gesicht seines
lebenslangen Begleiters,
bis die Nachbarn
„Halt die Fresse, Hugo!"
brüllen und er sein
Instrument artig auf
dem Klodeckel abstellt.
Draußen auf dem Balkon
zwei, drei Zigaretten, bis
im Haus die Lichter
wieder ausgehen und
sich die bösen Geister
in alle Ritzen dieser
Welt verzogen haben.
Die nächste Flasche
entkront er mit den
Zähnen, und das Bier
rinnt blutig über seine
Lippen. Den scharfen
Geruch seines eingenäßten
Bademantels entläßt er
gleichgültig in die Nacht.
Fledermäuse sind
unterwegs, doch der
Wolf, der jetzt zu
heulen beginnt, ist
er selbst.

Atem

Der Sohn des
schlesischen Ehepaars,
das im 1. Stock wohnt,
stottert seit einem Jahr
und kann nicht
mehr aufhören,
auf mich einzureden,
wenn man sich
im Treppenhaus
begegnet.
Dabei weiß ich,
er liebt Kartoffeln,
und auch den Frieden,
der davon ausgeht,
dieses Wort in
den Mund zu nehmen.
Er hat ein Monster
in die Welt gesetzt,
einen lauernden
Psychopathen der
neueren Bauart,
von dem wir noch
viel hören werden.
Ich sitze auf einer
Bank im Grünzug
des Viertels und
trinke mein Bier
jetzt ganz offen.
Mir ist warm, obwohl
mich die tödliche Kälte
von allem schon lange
umgebracht hat,
mir ist warm, und
ich sitze im Licht,
nicht zu lange,
nicht zu kurz,
blicke auf die Dinge
dieses Augenblicks,
bin Atem, und mehr
ist da nicht.

Stephen
Hawking

Babsie, sage ich,
Hawking hat gesagt,
in 100 Jahren ist
die Menschheit
weg vom Fenster.
Das hat er vor
zwanzig Jahren
gesagt, sagt Babsie
und grinst.
Bleiben noch 80,
dann sind wir 140,
sage ich und
stoße mit ihr an.
Schade eigentlich,
sagt sie, ja, sage ich,
wirklich schade,
und dann grölen
wir beide los, bis
die Nachbarn mit
dem Schrubber an
die Decke klopfen
wie in den guten
alten Zeiten.

Mieterhöhung

Den Vermieter brüllte
er mit den Worten an:
„Geh mir aus den Augen,
du Zirkuspferd!",
was diese blondierte
Kreatur mit hochgegeltem
Weißschopf und einem
von Bräunungskreme
erschöpften Teint selbst
unter ihrer Sonnenbrille
erblassen ließ, aber nur
kurz.
Die Schlägerei blieb aus,
denn der, der gebrüllt hatte,
war weder einem gut
gefüllten Humpen noch
einer gesottenen Schweinshaxe
abhold, während der
Puff-Louie vegan lebte
und auf zwei dürren
Beinchen durch seine von
Niedertracht bestimmte
Existenz in Turnschuhen
ohne Socken stakste.
Dann stand die Zeit
still, und die beiden
Welten starrten einander an.
Schließlich drückte Blondie
den Hebel seiner Davidson
runter, gab Gas und fuhr
wortlos aber laut davon.

„Und", fragte ihn seine Frau,
als er wieder oben war,
„wie ist's gelaufen?"
„Hätte nicht schlimmer
kommen können.", sagte er
und pfefferte den Kronkorken
seiner frisch geöffneten
Pulle Bier aus dem Fenster,
denn es war August und
ziemlich stickig.
Beide saßen noch eine
Weile stumm am Küchentisch,
bis es dunkel wurde und sie
einander endlich wieder
wahrnahmen. „Zeit zu
Bett zu gehen", sagten
sie fast gleichzeitig,
und dann ging er
noch mal runter um
den Block und sie
telefonierte mit ihrer
Schwester in Marzahn,
die nächste Woche ihre
Silberne Hochzeit
feiern würde und ihr
überhaupt nicht zuhören
konnte.

Der Rausch

an sich

Der Trinker trinkt

die dunklen Wolken

fort, trinkt sich durch

allen Stahl der

Zellentüren, schlüpft

unter Tonnen Blei

hervor, verläßt die

Trümmer seines Seins,

stemmt das Gewicht

der Welt mit

Leichtigkeit, trinkt

sich durch Raum

und Zeit bis in das

Herz der Ewigkeit,

schmiegt sich an die

Gefährtin, weinberauscht,

entzückt, und trinkt

sich ein Kapitel weiter

bis an den schwarzen

Saum der Nacht.

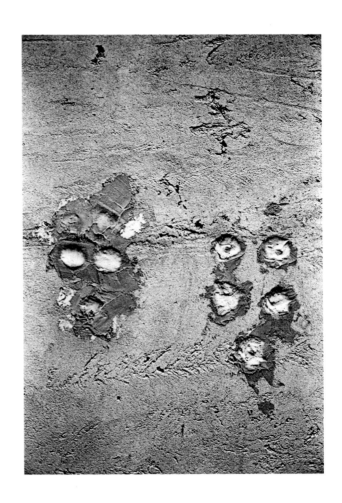

Hope for Happiness

Gut, man konnte
‚Ich' dazu sagen,
mußte es aber nicht.
Dieses Ich mochte es,
wenn die alte Pappel
sich mit dem Wind
besprach, tanzte,
sich streicheln, rütteln,
und liebkosen ließ.
Dieses Ich saß
gerne auf dem Rad,
fuhr durchs Viertel,
schnell, aber nicht
zu schnell.
Die Katze, die sich
auf dem Autodach
sonnte, rief es Mulle,
und schaute bei
seinen Touren
stets nach ihr aus.
Es sah auch alles,
was quälte und
verrückt machte,
vom ersten
Gedankenfunken an,
bewahrte jedoch
in allem, was die
Einsicht gebot,
Haltung, und suchte
in dieser Welt der
Falschheit und Heimtücke
den einen Spalt
in der Festung, durch
den das Licht dringen
konnte, der sich nie
wieder schließen ließ.

„Hope for Happiness"
Titel von Soft Machine, 1968

Protokoll

Vor dem Haus
standen ein Notarztwagen
und ein Krankentransporter.
Ich kam vom Netto mit
einer Plastikschale Weintrauben
und einem Strauß Blumen.
Ich ging durch das Foyer
zum Aufzug und fuhr
hinauf in den 3. Stock.
Ich drückte den Türöffner,
und alle standen da mit
entsetzten Gesichtern
und sahen mich ängstlich an.
Eine der Frauen, die
dort arbeiteten, deren
Namen ich mir aber
auch nach zehn Monaten
nicht hatte merken können,
schaute zu mir hin, und
ich sagte: „Meine Mutter."
Sie nickte, schickte mich
weiter durch die Tür
in den Gang, auf dem
vier Männer in weißer
Dienstkleidung an der
Wand lehnten und
zu mir herüberblickten.
Auf dem Fußboden lag
meine Mutter ausgestreckt
mit einem Handtuch
auf ihrem Gesicht
wie eine Erschossene.

Der Notarzt trat
auf mich zu, gab mir
die Hand und sprach
mir sein Beileid aus
und daß man nichts mehr
hätte ausrichten können.
Ich bückte mich, und nahm
das Handtuch beiseite.
In ihrem linken Nasenloch
steckte noch eine durchsichtige
Plastikkanüle. Ich streichelte
das bereits kühle
Gesicht meiner Mutter,
lange, lange, lange.
Irgendwann kam die
Stationsleiterin zu mir
und sprach forensische
Sätze, die ich mit einem
Nicken quittierte.
Ich überreichte dieser Frau
stumm meinen Blumenstrauß,
den sie wortlos entgegennahm.
Später, in Mutters Zimmer,
das ich innerhalb von 48 Stunden
leerzuräumen hatte, redete
sie noch einmal auf mich ein,
Sätze, die ich sofort beiseiteschob.
Der Apparat, der den Tod
meiner Mutter aufgezeichnet
hatte, piepte weiter,
und ich bat einen Sanitäter,
ihn endlich auszustellen,
weil sich dieses infernalische
Geräusch tiefer und tiefer
in meinen Kopf hineinbohrte.

Sie druckten dann noch
die Blätter mit den
schnurgeraden Linien aus
und schalteten das
Gerät schließlich ab.
Vorher hatte sich der
Hausarzt meiner Mutter,
der sie und ihre Krankheiten
seit 20 Jahren kannte,
geweigert zu kommen, obwohl
seine Praxis nur 5 Minuten
fußläufig entfernt ist.
Er wollte keinen natürlichen
Tod bestätigen, auch wenn
sie am Arm eines Pflegers
zusammengebrochen war.
Nun kamen die Angestellten
des Bestatters mit ihren
der Situation ganz und gar
angemessenen Mienen,
um sie in die Kühlbox
der Kripo zu überführen.
Der Kommissar entschuldigte
sich bei mir, und ich fragte,
was denn mit dem Hausarzt sei.
„Er war nicht dabei", sagte er.
„Er war nicht dabei", sagte ich.

Meine Mutter hatte ein
bläuliches Gesicht und sah
sehr tot aus, als meine Frau,
die mittlerweile hinzugekommen
war, und ich noch einen Blick
auf sie werfen durften.
Wir trugen sie 12 Tage
später gemeinsam mit der
Pfarrerin zu Grabe.
Die Familie, in der ich
großgeworden bin, liegt
jetzt auf dem Nordfriedhof.
Es gibt niemanden mehr,
mit dem ich meine
Erinnerungen teilen kann.
Ich habe nicht geweint,
ich weine auch jetzt
nur hin und wieder,
obwohl ich nahe am Wasser
gebaut habe.
Wenn ich an die Vergangenheit
denke, steigt eine Trauer
in mir hoch, die mich verschlingt.
Alle geistern durch meine
mageren Tage, sehr unpersönlich,
eher in Gestalt rätselhafter
Botschaften und Fragen:
Das waren wir. Und
wer bist du eigentlich?

Fotografien

Poeme

Michael Arenz *1954 in Berlin. Lebt in Bochum.
Lyrik, Prosa, journalistische Arbeiten,
Beiträge für den Hörfunk.

Veröffentlichungen:
„Anweisungen für die vorletzten Tage"
(Poeme), Marklkofen, 2008; „Fragil" (Gedichte)
mit zehn Originalgrafiken von Wolfgang E.
Herbst, Meißen, 2009; „Die Vulgarität der
davongeschwommenen Felle" (Poeme),
Marklkofen, 2010; „Noch nicht ganz,
aber fast" (Poeme), Marklkofen, 2011;
„Nachts, wenn der Tag dich erzählt" mit
Fotografien von Hansgert Lambers, Berlin,
2011; „Der aufrichtige Kapitalismus des
Metallgorillas" mit Fotografien von Hansgert
Lambers, Berlin, 2015. Herausgeber der
Literatur- und Kunstzeitschrift "Der Mongole
wartet" (1994–2013).

Hansgert Lambers * 1937 in Hannover. 1957 Studium
in Berlin (Dipl.-Ing.). 1963–1993 Tätigkeit als
Systemberater bei IBM, davon 6 Jahre in
Osteuropa, lebt in Berlin.
Fotografiert seit 1951, seit 1956 mit der Leica.
Bild- und Textveröffentlichungen zur Fotografie;
eigene Ausstellungen und Kuratierung von
Ausstellungen. 1986 Gründung des ex pose
verlags.

Für die Unterstützung bei der Realisation dieses Buches bedanken wir uns sehr herzlich bei:

Gerd & Elisabeth Adloff, Wolfgang Armbrüster, Hans Bäck,

Ruth Barg, Elisabeth Bartscher, Monika Baumgartl, Dirk Bierbaß,

Wolfgang Brünker, Dahlemer Literatur- und Kunstsalon,

Heidi Diebold, Pit Engstler, Peter Ettl, Oskar Fahr,

Bernd HARLEM Fischle & Siglinde Zobel, Galerie Kunst-Ecke,

Erika Grenz-Heeger, Florian Günther, Reinhard Henning,

Michael Hillen, Hans Hübler, Roland Jordan,

Prof. Dr. Gerhard Köpf, Mena Koller,

Matthias Merkelbach & Dr. Uta Bronner,

Margarete Müller-Teschke, Uwe & Gisela Pfeifer,

Hermann Peter Piwitt, Friederike Pröpper-Schönleber,

Brigitte Remmert, Elke Rosin, Ruth Schmid-Heinisch,

Gabriela Schoenenberger & Peter Ryser, Thomas Schönauer,

Dr. Michael Serrer, Dieter Süverkrüp, Dagmar Weck,

Johann Friedrich Wolf

und bei denen, die nicht genannt werden möchten.

Gestaltung **Kai-Olaf Hesse**

Gesamtherstellung **X-Media, Berlin**

Auflage 222

für die Poeme © Michael Arenz

für die Fotografien © Hansgert Lambers

für den Text © Gerhard Köpf

© 2018 *ex pose verlag* Hansgert Lambers, Berlin

www.expose-verlag.de

Printed in Gerrmany

ISBN 978 3 925935 78 7

h.a. / 222